W0047895

Monika Rothenaicher

WEIHNACHTS-YOGA

Entspannt durch den Advent

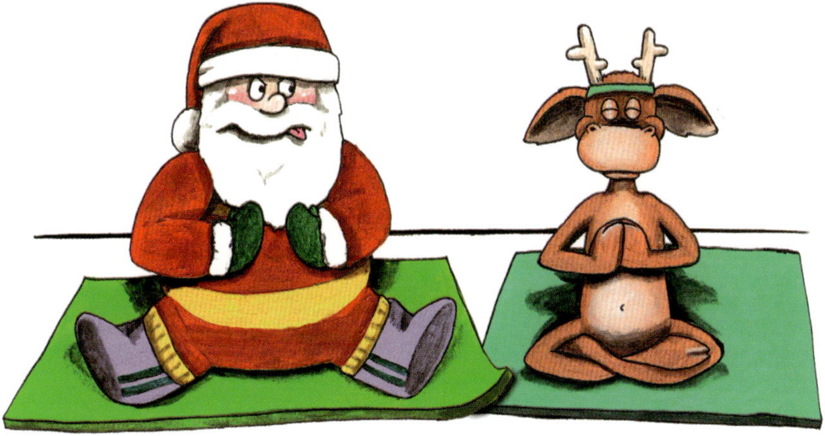

arsEdition

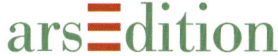

Der Weihnachtsmann hat ein Problem:
Weil er das gesetzlich erlaubte
Höchstgewicht zum Führen von Weih-
nachtsschlitten überschritten hat,
droht die Bescherung dieses Jahr aus-
zufallen. Um wieder fahrtüchtig zu
sein, muss er etwas für seine
Figur tun! Ein Yoga-Kurs soll für
eine schlanke Linie sorgen — und für
mehr Gelassenheit im alljährlichen
Weihnachtsstress.

Zum Glück ist er nicht allein: Herr Zwerg,
sein treuer Begleiter beim Verteilen
der Geschenke, will sich ebenfalls auf
die Yoga-Matte wagen. Darüber freut sich
vor allem Frau Zwerg. Die fühlt sich
nämlich nicht nur durch die anhaltend
schlechte Laune ihres Mannes gestört,
sondern auch durch seinen stetig wachsen-
den Bauchumfang, der äußerst ungünstige
Auswirkungen auf sein nächtliches
Schnarchverhalten hat.

Damit die Bescherung dieses Jahr nicht
ins Wasser fällt, wird der beste und ent-
spannteste Yoga-Lehrer engagiert, der in der
Kürze der Zeit zu finden war: Rentier Rudi
wird eigens für diesen hochweihnachtlichen
Auftrag aus Lappland eingeflogen. Um seine
beiden ungewöhnlichen Kursteilnehmer bei
Laune zu halten, hat er sich ein paar ganz
besondere Übungen einfallen lassen ...

1. Übung

Die Geschenk-
schleife

2. Übung

Der Stern von
Betlehem

3. Übung
Das Vanillekipferl

4. Übung

Die Christbaum-
kugel

5. Übung

Die Adventskerze

6. Übung
Das Weihnachts-
liederbuch

7. Übung

Der König aus dem Morgenland

8. Übung
Die
Weihnachtssocke

9. Übung

Die Weihnachts-
gans

10. Übung

Die Zipfelmütze

II. Übung

Die schiefe
Nordmanntanne

12. Übung
Der Adventskranz

13. Übung

Der Nussknacker

14. Übung

Die Krippe

15. Übung

Der Ochse

16. Übung

Der Esel

17. Übung

Das Christkind

18. Übung
Der Wunschzettel

19. Übung

Der schwebende Weihnachtsengel

1. Die Geschenkschleife
Bhujapidasana
Das Schulterdruck-
Gleichgewicht

**2. Der Stern von
Bethlehem**
Natarajasana
Der Tänzer

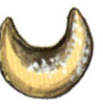

3. Das Vanillekipferl
Salamba Bhujangasana
Die Sphinx

4. Die Christbaumkugel
Dhanurasana
Der Bogen

5. Die Adventskerze
Salamba Sarvangasana
Der gestützte Schulterstand

6. Das Weihnachtsliederbuch
Paschimottanasana
Die Zange

**7. Der König aus
dem Morgenland**
Vrikshasana
Der Baum

9. Die Weihnachtsgans
Balasana
Die Stellung
des Kindes

10. Die Zipfelmütze
Adho Mukha Svanasana
Der herabschauende Hund

8. Die Weihnachtssocke
Vrischikasana
Der Skorpion

11. Die schiefe Nordmanntanne
Trikonasana
Das Dreieck

12. Der Adventskranz
Urdhva Dhanurasana
Das Rad

13. Der Nussknacker
Die schiefe Ebene

15. Der Ochse
Majariasana
Die Katze

14. Die Krippe
Bhekasana
Der Frosch

16. Der Esel
Utthita Majariasana
Die diagonale Katze

17. Das Christkind
Ananda Balasana
Glückliche-Kind-Haltung

19. Der schwebende Weihnachtsengel
Eka Pada Rajakapotasana
Die Königstaube

18. Der Wunschzettel
Setu Bandhasana
Die Brücke

© 2012 arsEdition GmbH,
Friedrichstr. 9, D-80801 München
Alle Rechte vorbehalten
Text, Illustration und Gestaltung:
Monika Rothenaicher
Printed by Tien Wah Press
ISBN 978-3-7607-6817-5
4. Auflage

www.arsedition.de

MIX
Papier aus verantwor-
tungsvollen Quellen
FSC® C012700